짱 바이블 상

ZZANG BIBLE

짱 바이블 상

프리셉트성경연구원 편

묵상하는사람들
프리셉트

추천의 글

우리 주위에는 청소년들의 눈과 귀를 자극하고, 마음을 흔들어 놓는 것들이 너무 많습니다. 그러한 유혹을 받을 때, 가치관이 올바로 확립되어 있지 않다면 심한 혼란을 겪게 되고, 자칫하면 잘못된 길로 빠지기 쉽습니다. 예수님을 믿는다고 하지만 삶에서 맞닥뜨리는 문제들 앞에서 예수님의 자녀다운 결정을 내리지 못할 때가 많습니다. 이들에게 무엇보다도 필요한 것은 하나님의 말씀입니다.

요즘 청소년들은 가장 좋은 것을 표현할 때 흔히 '짱'이라는 말을 씁니다. 그들에게 '짱' 중의 '짱'이 바로 성경이라는 사실을 알려야 합니다. 하지만 요즘 그들은 과도한 학업에 억눌려 바쁘고 피곤한 삶을 살아갑니다. 그러다 보니 말씀이 들어갈 자리가 없는 것이 현실입니다. 또한 '성경 공부' 하면 지루하고 따분한 시간이라는 인식 때문에 성경을 배우려는 청소년들이 적습니다. 저자는 이러한 안타까움 속에서 십대들을 위한 재미있고 쉬운 성경 공부 교재를 만들게 되었습니다.

저자인 양재웅 목사님은 다년간 프리셉트 성경연구원에서 발간한 청소년 공과를 탁월한 수준에서 집필해 왔으며, 10대들을 위한 교재 개발 분야에서 발군의 실력을 발휘해 온 명장입니다.

짱 바이블은 학교 공부만으로도 힘겨운 청소년들이 가벼운 마음으로 성경을 읽고 자신의 삶을 돌아보며 변화할 수 있도록 구성되어 있습니다. 굳이 성경을 따로 찾을 필요도 없으며, 가정 생활, 대중 문화, 학교 생활 등 청소년들의 생활과 밀접한 관련이 있는 주제들을 성경과 접목시켰기 때문에 지루하지 않고 일상에 바로 적용이 가능합니다.

본 교재가 한창 가치관을 형성해 가는 시기의 10대들에게 성경을 알려 주고, 말씀이 삶의 기준이 되도록 안내하기를 소망합니다.

프리셉트성경연구원
원장 김경섭 목사

이렇게 활용해요

짱 어렵고 지루하기만 했던 성경공부 시간을

즐거운 시간으로 만들어 주는 짱바이블.

성경은 케케묵은 옛날이야기가 아닙니다.

오늘날 살아가면서 갈등하고 고민하는 수많은 문제에 대한

해답이 바로 성경책 안에 있습니다.

짱바이블로 함께 공부하며 예수님의 말씀대로

살아가는 생활의 달인이 되어 보세요.

SAMPLE

21 삼상 18:1

친구와 아름다운 관계를 맺어 가자

친구는 美다!

평소 내 생활 습관이나, 가치관 등을 돌아보며 자신의 참 모습을 발견하는 시간입니다.

1 Teens Life
내 생활 살펴보기

MEANING

친구는 美 (미)다!

㉠ 아름답다 ㉡ 맛있다 ㉢ 즐기다 ㉣ 좋다 ㉤ 기리다

주어진 문항들에 답하며 솔직한 자신의 생각을 표현해 보세요. 또한 마음 문을 열고 친구들의 이야기에도 귀 기울여 보세요.

친구 사귀기 십계명

One 자기 자신을 사랑하라.

Two 상대방의 입장에서 생각하라.

Three 가까울수록 예의를 지켜라.

Four 사랑을 얻으려면 자존심을 버려라.

Five 적게 말하고 많이 들어라.

Six 말과 행동을 일치시켜라.

Seven 겸손하되 자신의 뜻을 분명히 하라.

Eight 완벽한 사람이 아니라 솔직한 사람이 돼라.

Nine 상대방의 장점을 칭찬한 뒤에 단점을 말하라.

Ten 맛있는 음식을 나눠 먹는다.

말씀을 토대로 주제에 대해 묵상하고,
하나님 앞에서 올바르지 못했던 자신의
모습을 반성하는 시간입니다.

2

Life Bible
말씀 살펴보기

다윗이 사울에게 말하기를 마치매
요나단의 마음이 다윗의 마음과
하나가 되어 요나단이 그를 자기 생명 같이 사랑하니라

삼상 18:1

➔ '다윗과 요나단'은 어떤 관계인가?

다윗과 요나단은 친구 사이였다. 요나단은 왕자였고,
다윗은 평범한 백성이었지만 둘은 누구보다 깊은 우정을 나누었다.

➔ '마음과 마음'이 하나가 되었다는 말은?

서로의 입장과 처지를 이해하고, 상대방을 먼저 배려했다는 뜻이다.
또한 같은 생각을 품고 있었다는 뜻이다.

➔ 요나단과 다윗의 '우정의 정도'를 알 수 있는 단어는?

요나단은 다윗을 생명 같이 사랑했다.
사랑하는 친구를 위해서라면
자신의 목숨도 기꺼이 바칠 각오가 되어 있었던 것이다.

➔ '마음'을 나누고 '생명'을 내놓아도 아깝지 않은 친구가 있는가?

중학교 때부터 알고 지내는 지선이. 잘 웃고 밝은 아이다.
가끔 심한 장난을 쳐서 날 깜짝 놀라게 할 때도 있지만
좋은 일이 생기면 늘 서로 제일 먼저 연락하는 사이다.
그 친구가 전도해서 교회도 다니게 되었다.

풀리지 않았던 문제들을 하나님 앞에서
해결 받고 위로를 얻는 기쁜 시간으로
만들어 보세요.

배우고 느낀 것들을 구체적으로 삶에 적용하고 변화하기로 결단하는 시간입니다.

3

Bible Teens
묵상 적용하기

친구는 하나님이 주신 보물이다.

Get along with your friends!

아름다운 우정을 나누기 위한 비법 대공개

- 나는 친구를 사귀기 위해서 먼저 말을 걸었 다.
- 나는 친구와 갈등이 있을 때 편지를 쓴 다.
- 나는 친구와 더 친해지기 위해서 미드를 보내주었 다.
- 나는 친구를 위해서 늦잠을 포기할 수 있다.

크고 거창하지 않아도 좋습니다. 작은 실천이 모여 삶의 큰 변화를 일으키고, 우리를 더욱 하나님의 견고한 자녀로 성장케 할 것입니다.

CHANGE! 우정

Before
친구가 나보다 성적이 오르면 속상하다.

After
진심으로 축하해 주며 나도 더 열심히 공부하기로 다짐한다.

요한복음 15:13-14

사람이 자기 친구를 위해 자기 목숨을 내놓는 것보다 더 큰 사랑은 없다. 내가 너희에게 명하는 것을 행하면, 너희는 내 친구다.

차례 Contents

가정생활 Home Life

대중문화 Popular Culture

HomeLife

1

마 11:28

예수님이 주시는 참된 쉼을 누리자

잠은 잘 자니?

1

Teens Life
내 생활 살펴보기

재훈이는 오늘도 푸석푸석한 얼굴을 한 채 학교로 향한다. 숙면을 취하지 못한 탓에 신체 리듬도 엉망이고, 수업 시간에는 졸음이 몰려와 집중하기가 힘들다. 사람은 잠을 자는 동안 하루의 중요한 일을 머릿속에 정리하고 기억하며 내일을 위한 준비를 한다. 그러므로 잠을 잘 자는 것이 그 무엇보다 중요하다.

나는 잠을 잘 자고 개운한 아침을 시작하고 있는가?

• 평소에 내가 잠드는 시간은?

□ 10시~12시 □ 12시~1시 □ 1시~2시 □ 2시 이후 □ 기타 (   )

• 늦게 잠들게 되는 이유는?

□ 불면증 때문에
□ TV 시청이나 컴퓨터 때문에
□ 숙제나 공부할 것들이 많아서
□ 기타 (   )

2 Life Bible
말씀 살펴보기

수고하고 무거운 짐 진 자들아
다 내게로 오라 내가 너희를 쉬게 하리라

마 11:28

➔ 나에게 '수고하고 무거운 짐'은 무엇인가?

➔ 예수님께 '짐'을 맡기면 어떤 점이 좋을까?

➔ 내가 원하는 '쉼'은 무엇인가?

➔ 내가 '쉼'을 누리지 못하는 이유는?

3

Bible Teens
묵상 적용하기

참된 쉼은 예수님께 있다.

Teens, Go to Jesus! Go to Sleep!

Today 영적 쉼

★성경읽기

★기도하기

Today 육적 쉼

★취침 예상 시간

시편 127:2

헛되이 일찍 일어나고, 늦게까지 일할 뿐입니다. 먹을 음식을 위해 수고할 뿐입니다.
그러므로 여호와께서는 그의 사랑하는 자들이 편하게 잠을 잘 수 있도록 하십니다.

2

눅 11:3

주님이 공급하시는 일용할 양식을 먹자

밥은 먹었니?

1 Teens Life
내 생활 살펴보기

아침밥보다는 한 시간의 수면이 더 절실하게 느껴진다면? 좋아하는 반찬에만 젓가락이 간다면? '건강'에 적신호가 올 수도 있다는 것을 기억하라. 건강해야 공부도, 신앙생활도 열심히 할 수 있다. 하지만 요즘 우리들은 지나치게 서구화된 식단, 바쁜 학업으로 인한 불규칙한 식사 등으로 '잘 먹지' 못하고 있다. 나는 과연 제대로 잘 먹고 있는 걸까?

• 좋아하는 음식은?

☐ 한식 ☐ 중식 ☐ 양식 ☐ 일식 ☐ 기타 ( )

• 고쳐야 할 식습관이 있다면?

☐ 편식을 한다.
☐ 불규칙적인 식사를 한다.
☐ 지나친 과식을 한다.
☐ 해당 사항 없음
☐ 기타 ( )

우리에게 날마다
일용할 양식을 주시옵고

눅 11:3

2

Life Bible
말씀 살펴보기

➔ '일용할 양식'이 의미하는 것은?

➔ '일용할 양식'이 중요한 이유는?

➔ 영적 또는 육적 '일용할 양식'을 먹기 위해서 필요한 것은?

➔ '일용할 양식'이 나의 삶에 주는 영향은 ?

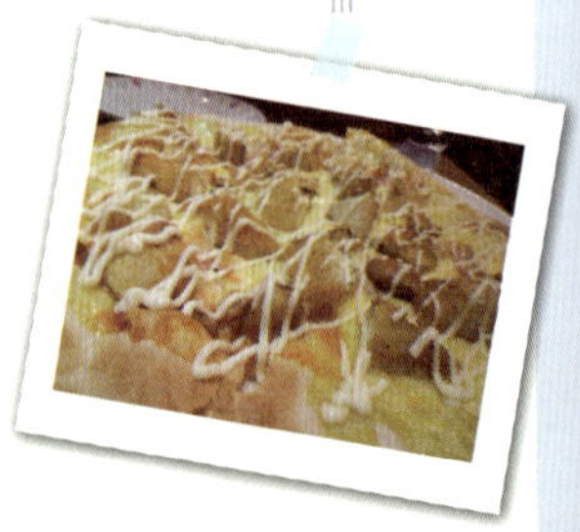

3

Bible Teens
묵상 적용하기

일용할 양식이 우리를 건강하게 한다.

Teens, Eat the Bible! Eat the Food!

육적인 건강을 위해 섭취해야 할 양식

영적인 건강을 위해 섭취해야 할 양식

고린도후서 9:10

씨 뿌리는 자에게 씨를 주시고, 먹을 양식을 주시는 하나님께서 여러분에게 씨앗을 주시고 그것을 성장시키셔서 여러분이 거둘 의의 열매가 많아지게 하실 것입니다

순종함으로 몸과 마음을 깨끗이 하자

3 깨끗이 씻었니?

왕하 5:10

1 Teens Life
내 생활 살펴보기

清潔[청결]한 삶을 위한 일곱 가지 제안

One 매일 성경 읽고 기도하라 / Two 매일 손발을 깨끗이 하라 / Three 1~2일에 한 번은 꼭 전도하라 / Four 1~2일에 한 번은 꼭 샤워하라 / Five 3~4일에 한 번은 꼭 교회에 가라 / Six 3~4일에 한 번은 꼭 목욕하라 / Seven 매주일 교회에서 예배를 드려라

- **하루에 손을 씻는 횟수는?**

□ 1~3번 □ 4~6번 □ 6번~9번 □ 기타 (　　　　　　　　)

- **손을 안 씻게 되는 이유는?**

□ 깨끗하다고 생각하기 때문에
□ 귀찮아서
□ 씻을 시간이 없어서
□ 해당 사항 없음
□ 기타 (　　　　　　　　)

2

Life Bible
말씀 살펴보기

너는 가서
요단 강에 몸을 일곱 번 씻으라
네 살이 회복되어 깨끗하리라 하는지라

왕하 5:10

➔ 엘리사가 나아만에게 '일곱 번 씻으라'고 말한 이유는?

➔ '씻으라'와 대구를 이루는 단어는?

➔ '나아만의 회복'이 나에게 주는 도전은?

➔ '깨끗하리라'의 약속을 받기 위해서 순종이 필요한 일은?

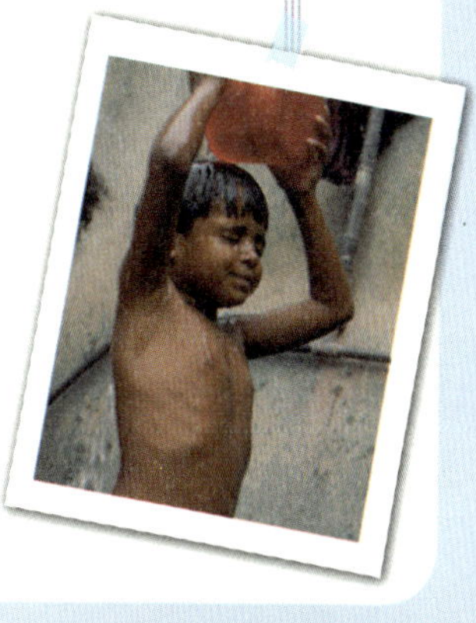

3

Bible Teens
묵상 적용하기

주님의 말씀에 순종하고 항상 몸을 깨끗이 하자.

Teens, Obey the Bible! Wash your Body!

내 생활에서 청결하지 못했던 부분은?

- ★
- ★
- ★
- ★

淸潔청결한 삶을 위한 나의 순종List

- ★
- ★
- ★
- ★

에베소서 5:26

그리스도께서는 교회를 물로 씻고,
말씀으로 깨끗하게 하셨습니다.

4

시 34:13

하나님이 기뻐하시는 언어를 사용하자

욕하니까 좋으니?

1

Teens Life
내 생활 살펴보기

말은 마음을 담는 그릇이라고 했다. 조금 전 친구들과 나눈 대화를 가만히 생각해 보자. 상대방을 낮추기보다는 세워주는 말을 했는지, 조금 더 배려하는 말투를 썼는지, 아무 생각 없이 친구에게 욕을 하지는 않았는지. 의미도 모르는 나쁜 말을 사용하는 게 평소 자신의 언어 습관은 아닌지?

- **평상시에 욕을 어느 정도 하는가?**

☐ 거의 하지 않는다 ☐ 가끔
☐ 자주 ☐ 거의 모든 대화에서 사용한다

- **욕을 하는 이유는?**

☐ 상대방에게 화가 나기 때문에
☐ 스트레스가 해소되기 때문에
☐ 습관적으로
☐ 재미있기 때문에
☐ 기타 (   )

2 Life Bible
말씀 살펴보기

네 혀를 악에서 금하며
네 입술을 거짓말에서 금할지어다

시 34:13

➔ '네 혀, 네 입술'의 말씀을 나에게 적용하여 고백해 보자.

➔ 내 입술에서 나오는 '악, 거짓말'은 어떤 것이 있는가?

➔ '욕'의 좋은 점(?)과 나쁜 점은?

➔ '금하며, 금할지어다'의 말씀에 순종하기 위해 나에게 필요한 것은?

3

Bible Teens

묵상 적용하기

욕을 입에 담기보다는 주님의 말씀을 담자.

Teens, Don't abuse, talk Bible!

내 입술의 파수꾼 F4 세우기

"여호와여 내 입에 파수꾼을 세우시고 내 입술의 문을 지키소서"

*가정의 파수꾼 ____________________

*학교의 파수꾼 ____________________

*교회의 파수꾼 ____________________

*생활의 파수꾼 ____________________

無辱무욕을 위한 나의 서약

이제부터 주님이 주신 입으로 욕을 하지 않겠습니다.

이를 어길 시 각각의 파수꾼이 정한 벌칙을 받겠습니다.

*서약자 ____________________ ㉢

야고보서 3:10

찬송과 저주가 한 입에서 나오고 있습니다. 형제 여러분, 이런 일이 있어서는 안 될 것입니다.

5

삼하 11:2

건전한 여가 시간을 보내자

시간 나면 뭐하니?

1

Teens Life
내 생활 살펴보기

중간고사도 끝나고 때마침 찾아온 오랜만의 연휴. 현지는 밀린 잠을 자고 느지막이 일어나서 친구들과 영화 한 편을 봤다. 그리고는 서점에 들러 책을 몇 권 사고, 집으로 돌아와 여유롭게 독서를 즐겼다. 정말 꿀맛 같은 시간이었다. 학교, 학원, 과외 등으로 바쁜 스케줄 사이사이 주어지는 여가 시간엔 뭘 하며 지내는 게 좋을까?

• 여가 시간에 주로 무엇을 하는가?

□ 운동 □ 문화생활 □ 컴퓨터 □ 독서 □ 기타( )

• 부족하다고 생각하는 여가 시설은?

□ 도서관
□ 공원
□ 공연장
□ 체육관
□ 기타 ( )

2

Life Bible
말씀 살펴보기

저녁 때에 다윗이 그의
침상에서 일어나 왕궁 옥상에서
거닐다가 그 곳에서 보니

삼하 11:2

➔ '저녁 때에' 다윗이 한 일은?

➔ '거닐다가' 다윗이 본 것은?

➔ 다윗이 지은 '죄'는 무엇인가?

➔ '다윗'이 죄를 짓게 된 원인과 '내'가 죄를 짓는 원인을 비교해 보면?

3

Bible Teens
묵상 적용하기

여가 시간을 잘 활용하자.

Teens, Enjoy your free time healthy and soundly!

건전한 여가 활용을 위한 나만의 노하우 대공개!

Leisure Program

*봉사 분야 / 소외된 이웃 찾아가기

*체육 분야 / 농구, 축구 등 운동하기

*음악 분야 / 악기 배우기

*집중 분야 / 바둑, 장기, 꽃꽂이

*그룹 활동 / 동아리, 인터넷 카페

누가복음 21:34

네 마음이 방탕과 술취함과 삶의 걱정으로 무겁게 눌리지 않도록 하여라. 그날이 마치 덫처럼 갑자기 네게 다가올 것이다.

6

엡 6:1

주 안에서 부모님 말씀에 순종하자

엄마 말은 왜 안 듣니?

1

Teens Life
내 생활 살펴보기

전 17살 소년입니다! 동생은 6학년입니다. 동생이 태어난 이후로 저는 늘 혼자였죠. 저희 엄마는 동생만 감싸고 돌고 저에게는 늘 욕을 하세요. '바보'는 아무것도 아닙니다. 시간이 흐를수록 엄마에 대한 미움만 점점 커지는 것 같아요. 나름대로 대화도 시도해 봤는데 안 되더군요. 어쩌죠?

• **내가 부모님과 갈등을 겪는 원인은?**

□ 성적 □ 이성친구 □ 학교생활 □ 집안문제 □ 기타 ( )

• **갈등을 해결하는 방법은?**

□ 대화로 해결한다.
□ 시간이 지나면 자연스럽게 풀린다.
□ 서로 언성을 높이며 싸운다.
□ 아무리 노력해도 갈등이 해결되지 않는다.
□ 기타 ( )

자녀들아 주 안에서
너희 부모에게 순종하라 이것이 옳으니라

엡 6:1

2 Life Bible
말씀 살펴보기

➔ '주 안에서'라는 말씀의 의미는?

➔ 나의 '부모님(엄마 or 아빠)'은 어떤 분이신지?

➔ 나는 부모님께 '순종'하는가? 안 한다면 그 이유는?

➔ '주 안에서'의 순종이 구체적으로 무엇을 의미하는가?

3

Bible Teens

묵상 적용하기

부모님 말씀에 순종하자.

Teens! Obey your parents!

엄마와 아빠의 이름으로 삼행시를 만들어 보세요.

엄마

*

*

*

아빠

*

*

*

부모님을 기쁘시게 할 수 있는 일을 적어 보세요.

골로새서 3:20

자녀들은 모든 일에 부모에게 순종하십시오.
이것은 주님을 기쁘게 해 드리는 일입니다.

7

삿 14:1

건전한 이성교제를 하자

남친(여친)은 있니?

1

Teens Life
내 생활 살펴보기

사랑에 빠지면 나타나는 증상

1 좋아하는 음식, 취향이나 취미까지 같아진다. 2 나도 모르게 웃음이 나 입 꼬리가 올라간다. 3 사랑하는 사람이 눈앞에 있으면 심장박동이 빨라지고 혈압이 상승한다. 4 면역력이 강해져 감기도 막아준다! 5 사랑할 때 뇌에서 분비되는 도파민, 세로토닌, 코티솔 같은 호르몬은 포만 중추를 자극하여 먹지 않아도 배부른 느낌이 든다.

- **이성 친구를 선택하는 기준은?**

  □ 성격 □ 외모 □ 성적 □ 기타 ( )

- **데이트할 때 주로 하는 활동은?**

  □ 문화 활동을 즐긴다. – 영화, 연극, 전시회 관람 등
  □ 도서관에 같이 간다.
  □ 운동을 한다.
  □ 기타 ( )

2

Life Bible
말씀 살펴보기

삼손이 딤나에 내려가서
거기서 블레셋
사람의 딸들 중에서 한 여자를 보고

삿 14:1

➔ '삼손'이 이방 지역으로 간 이유는?

➔ 삼손의 '여친'이 될 수 있는 조건은?

➔ 새로운 '여친'을 만든 삼손의 실수는?

➔ 삼손을 보면서 느끼는 '건전한 이성교제'의 중요성은?

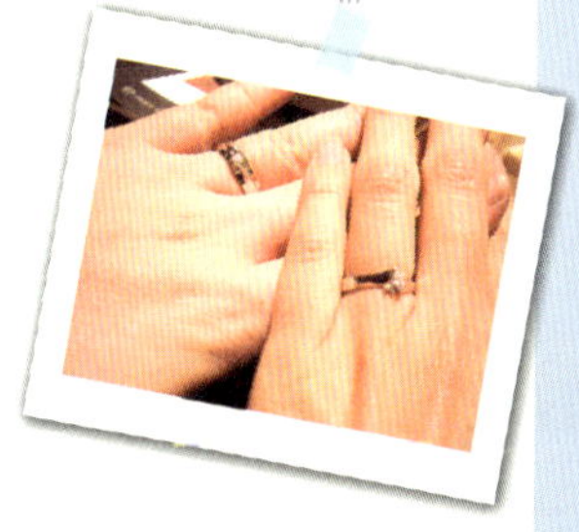

3

Bible Teens
묵상 적용하기

말씀 안에서 건전한 이성교제를 하자.

Teens, Make friends with boy(girl) in the Bible!

나는…이런 人이야! 미래의 남친(여친)을 향한 나의 고백

나의 남친(여친)에게 바란다 Best 3

1

2

3

아가 2:10

나의 애인이 내게 말씀하시네.
"내 사랑이여, 일어나시오. 내 어여쁜 자여, 이리 오시오."

8
욥 15:27

불필요한 영적, 육적 살을 빼자

다이어트는 하니?

1 Teens Life
내 생활 살펴보기

시험 기간만 되면 식욕을 억제할 수 없는 현규는 햄버거, 초콜릿, 치킨 등 가리지 않고 마구 먹는다. 특히 밤이라도 새는 날에는 밤새 먹을 것을 입에 달고 있다. 덕분에 시험이 끝나면 묵직해진 뱃살을 가누기 힘들다. 나는 적당히 먹고 있을까?

• 다이어트가 필요하다고 느낄 때는?

□ 작년에 입던 옷이 작아서 맞지 않을 때
□ 친구들이 뚱뚱하다고 놀릴 때
□ 사고 싶은 옷이 있는데 맞는 사이즈가 없을 때
□ 기타 (   )

• 내 비만도는 어느 정도라고 생각하는가?

□ 표준이다.
□ 남들보다 비만이다.
□ 남들보다 외소하다.

그의 얼굴에는 살이 찌고
허리에는 기름이 엉기었고

욥 15:27

2 Life Bible
말씀 살펴보기

➔ 본문은 악인의 모습을 묘사한 말씀 중 한 부분이다.
표준새번역은 본문을 이렇게 썼다.

"비록, 얼굴에 기름이 번지르르 흐르고, 잘 먹어서 배가 나왔어도"

➔ '비만'과 '영적 게으름'의 비슷한 점은?

➔ 영적 게으름과 비만의 '결과'를 비교하면?

3

Bible Teens
묵상 적용하기

영적, 육적 다이어트를 위해서 움직이자.

Teens, loss of weight! Move & Act!

다이어트를 위한 실천사항

☆ 영적 다이어트를 위해서

☆ 육적 다이어트를 위해서

사무엘상 4:18

베냐민 사람이 하나님의 궤 이야기를 하자, 엘리는 의자 뒤로 나자빠졌습니다. 엘리는 문 옆으로 넘어지면서 목이 부러지고 말았습니다. 이는 나이가 많은 데다가 뚱뚱했기 때문이었습니다. 그렇게 엘리는 죽었습니다.

Popular Culture

하나님께 영광을 돌리는 노래를 부르자

9 랩&록

엡 5:19

1 Teens Life
내 생활 살펴보기

다음 질문에 답해 보며 자신의 생활을 살펴 보세요. 그리고 친구들과 나눠 보세요. 그동안 서로 잘 모르던 부분을 알고, 이해하는 시간이 될 것입니다. 또한 오늘의 주제에 대해 깊이 생각하는 기회도 될 것입니다.

· 외출할 때 MP3 플레이어는 필수다? ☐ Yes ☐ No
· 좋아하는 가수 앨범은 꼭 산다? ☐ Yes ☐ No
· 멜로디보다는 가사가 중요하다? ☐ Yes ☐ No
· 신곡이나 인기가요에 대한 정보가 빠르다? ☐ Yes ☐ No
· 콘서트에 가 본 경험이 있다? ☐ Yes ☐ No
· 노래방 가는 것을 좋아한다? ☐ Yes ☐ No
· 하루에 한 번 이상은 CCM을 듣는다? ☐ Yes ☐ No
· 찬양 시간에 열심히 찬양을 부른다? ☐ Yes ☐ No
· 찬양을 부르다가 은혜 받은 경험이 있다? ☐ Yes ☐ No

2

Life Bible
말씀 살펴보기

시와 찬송과 신령한 노래들로
서로 화답하며 너희의 마음으로
주께 노래하며 찬송하며

엡 5:19

➔ '시'와 '랩'의 비슷한 점은?
(유대인들은 예배 시 시편을 무반주로 노래하듯이 읽었다)

➔ '찬송'과 '록'의 비슷한 점은?

➔ '찬송'은 어떻게, 누구에게 해야 하는가?

➔ 가장 즐겨 부르는 찬송은 무엇인가? 서로 나누어 보자.

3

Bible Teens
묵상 적용하기

하나님을 향한 사랑에 빠져 보자.

Teens, Fall in Prise!

하나님께 영광을 돌리는 찬양에 빠져 보자.

fall in praise! 내 맘에 지닌 성경 말씀과 힙합 열정
내가 살아갈 길 다 하나님께서 결정 들어 봐,
내 모든 죄 정화 마음에 평화 귀한 말씀 전파
내게 주어진 명령 되라 세상 빛이
해라 저 많은 지친 영혼 위해 기도를
내가 가진 입지 Feel me 지금 Rap을 하는 기쁨 불러 봐
hip hop이란 game 안에 복음 알릴 내 이름

-지누션 3집 Ooh Boy Remix 중에서

오늘 내가 들은 음악의 메시지는

* 가 사
* 메시지
* 문제점
* 느낀점

요한계시록 15:3

하나님의 종 모세와 어린양의 노래를 부르고 있었습니다. "크고 놀라운 일을 행하신 주님, 주 여호와 만군의 하나님, 주님께서 하시는 모든 일은 올바르고 참되십니다."

10

출 15:20

온 맘과 몸을 다해 하나님께 나를 드리자

댄싱퀸

1 Teens Life

내 생활 살펴보기

다음 질문에 답해 보며 자신의 생활을 살펴 보세요. 그리고 친구들과 나눠 보세요. 그동안 서로 잘 모르던 부분을 알고, 이해하는 시간이 될 것입니다. 또한 오늘의 주제에 대해 깊이 생각하는 기회도 될 것입니다.

- 유행하는 춤 한 가지 정도는 출 수 있다? □ Yes □ No
- 노래는 불러도 몸을 움직이기는 귀찮다? □ Yes □ No
- 좋아하는 댄스 가수가 있다? □ Yes □ No
- 배우고 싶은 춤이 있다? □ Yes □ No
- CCD에 대해서 들어 봤다? □ Yes □ No
- 찬양 중에 하는 율동이 즐겁다? □ Yes □ No
- 댄스 동아리에서 활동한 적이 있다? □ Yes □ No
- 찬양을 부르다가 기뻐서 춤추고 싶을 때가 있다? □ Yes □ No

2 Life Bible
말씀 살펴보기

아론의 누이 선지자 미리암이
손에 소고를 잡으매 모든 여인도
그를 따라 나오며 소고를 잡고 춤추니

출 15:20

→ '미리암'은 누구인가?

→ '미리암'이 춤을 춘 이유는?

→ 미리암과 여인들의 '연주와 춤'은 누구를 위한 것인가?

→ 우리들의 춤이 미리암의 춤과 '다른 점'은?

3

Bible Teens
묵상 적용하기

우리의 춤은 자신과 사람이 아닌
오직 주님을 위한 예배의 몸짓이어야 한다.

Jesus turned my mourning into joyful dancing!

몸으로 드리는 찬양 만들기

1 찬양을 선곡한다.

2 기도한 후에 찬양 가사에 적합한 몸짓을 만든다.

3 함께 모여 서로 나눈다.

시편 30:11

주님께서 내 슬픔을 바꾸시어 춤이 되게 하셨습니다.
주님께서 내 슬픔의 옷을 벗기시고, 기쁨의 옷을 입혀 주셨습니다.

안목의 정욕에 빠지지 않도록 예수님을 바라보자

11

요엘 2:16

액션 & 에로

1 Teens Life
내 생활 살펴보기

다음 질문에 답해 보며 자신의 생활을 살펴 보세요. 그리고 친구들과 나눠 보세요. 그동안 서로 잘 모르던 부분을 알고, 이해하는 시간이 될 것입니다. 또한 오늘의 주제에 대해 깊이 생각하는 기회도 될 것입니다.

- 영화나 드라마 보는 것을 좋아한다? ☐ Yes ☐ No
- 영화를 보고 주인공의 행동을 따라하고 싶다는 충동을 느낀 적이 있다? ☐ Yes ☐ No
- 감동적인 영화를 보고 운 적이 있다? ☐ Yes ☐ No
- 액션 영화를 보면 스트레스가 풀린다? ☐ Yes ☐ No
- 내가 하고 싶은 말이나 행동을 주인공이 하는 것을 보면 대리 만족을 느낀다? ☐ Yes ☐ No
- 성경적인 내용을 다룬 영상물은 따분하다? ☐ Yes ☐ No

세상에 있는 모든 것이 육신의 정욕과
안목의 정욕과 이생의 자랑이니
다 아버지께로부터 온 것이 아니요 세상으로부터 온 것이라

요일 2:16

2 Life Bible
말씀 살펴보기

➔ '세상에 있는 모든 것'은 무엇인가?

➔ '육신의 정욕, 안목의 정욕, 이생의 자랑'의 구체적인 예는?

➔ 나는 지금 어떤 유혹에 흔들리고 있는가?

➔ 육신의 정욕을 다스리기 위해서 절제해야 할 영화 장르는 무엇인가?

3

Bible Teens
묵상 적용하기

안목의 정욕은 우리의 영혼을 병들게 하여
예수님을 바라보지 못하게 한다.

Don't fall into temptation!

성경의 정신이 담긴 건전한 영화 만들기

(영화를 다시 각색하여 약간 다른 줄거리와 성경적인 결말을 만들자.)

*준비물/ 시나리오, 캠코더, 그 외 등등

*진 행/ 5분 분량의 시나리오 만들기, 배우를 섭외하고 영화 제작에 필요한 간단한 소품 등을 준비하여 촬영한다.

히 12:2

우리 믿음의 시작이며,
또 믿음을 완전하게 하시는 주님만을 바라봅시다.

12

시 4:2

주님께 영광을 돌리는 예수님의 스타가 되자

스타킹 Star-king

1 Teens Life
내 생활 살펴보기

다음 질문에 답해 보며 자신의 생활을 살펴 보세요. 그리고 친구들과 나눠 보세요. 그동안 서로 잘 모르던 부분을 알고, 이해하는 시간이 될 것입니다. 또한 오늘의 주제에 대해 깊이 생각하는 기회도 될 것입니다.

- 어디서나 남들보다 튀고 싶다? ☐ Yes ☐ No
- 연예인들의 패션을 따라해 본 적이 있다? ☐ Yes ☐ No
- 연예인이 되고 싶다? ☐ Yes ☐ No
- 스타로 성공한 또래 연예인을 보면 부럽다? ☐ Yes ☐ No
- 내가 제일 잘하는 게 뭔지 안다? ☐ Yes ☐ No
- 나는 꿈이 있다? ☐ Yes ☐ No
- 내 꿈은 하나님의 뜻과 일치한다? ☐ Yes ☐ No
- 내가 해야 할 일에 최선을 다하고 있다? ☐ Yes ☐ No

2

Life Bible
말씀 살펴보기

인생들아 어느 때까지
나의 영광을 바꾸어 욕되게 하며
헛된 일을 좋아하고 거짓을 구하려는가

시 4:2

➔ '인생들'은 누구를 가리키는가?

➔ '나의 영광'을 위해서 우리들이 할 수 있는 일은?

➔ '헛된 일, 거짓'은 무엇인가?

➔ '나의 영광을 바꾸어'에 비추어
스타를 꿈꾸는 어떤 부분이 잘못된 것인지 생각해 보자.

3

Bible Teens
묵상 적용하기

자신의 일에 최선을 다하는 모든 사람이 스타킹이다!
하나님께 영광 돌리는 그 사람이 스타킹이다!
Do your best!

내가 바로 스타!

1 내가 스타인 이유는?

2 나의 매니저는?

3 나의 스폰서는?

우리 교회 스타킹 (교회 안에서 스타킹을 찾아보세요)

- 성경 암송 잘하는 친구
- 찬송가 보지 않고 부르는 친구
- 성경 내용을 잘 아는 친구
- 찬노를 잘하는 친구

에베소서 5:8

이전에는 여러분도 어둠 가운데 있었으나, 이제는 주님 안에서 빛 가운데 살아갑니다. 그러므로 빛에 속한 자녀답게 사십시오.

13

렘 23:16

텔레비전보다 주님의 말씀을 더 사랑하자

텔레비전&성경비전

1 Teens Life
내 생활 살펴보기

다음 질문에 답해 보며 자신의 생활을 살펴 보세요. 그리고 친구들과 나눠 보세요. 그동안 서로 잘 모르던 부분을 알고, 이해하는 시간이 될 것입니다. 또한 오늘의 주제에 대해 깊이 생각하는 기회도 될 것입니다.

- 꼭 보는 TV 프로그램이 있다? ☐ Yes ☐ No
- 책보다는 인터넷이나 텔레비전이 좋다? ☐ Yes ☐ No
- 하루에 2시간 이상 텔레비전을 본다? ☐ Yes ☐ No
- 청소년 등급 이상인 프로그램을 본 적이 있다? ☐ Yes ☐ No
- 텔레비전을 보기 시작하면 시간 가는 줄 모른다? ☐ Yes ☐ No
- 매일 성경책을 꾸준히 읽는다(큐티를 한다)? ☐ Yes ☐ No
- 좋아하는 성경 구절이 있다? ☐ Yes ☐ No

그들은 너희에게 헛된 것을 가르치나니
그들이 말한 묵시는 자기 마음으로 말미암은 것이요
여호와의 입에서 나온 것이 아니니라
렘 23:16

2 Life Bible
말씀 살펴보기

➔ '헛된 것'은 무엇을 말하는가?

➔ '그들이 말한 묵시 (vision)'의 문제점은?

➔ '여호와의 입에서 나온 것'은 무엇인가?

➔ '텔레비전'을 통해서 나오는 나쁜 생각들이 나에게 끼친 영향은?

3

Bible Teens
묵상 적용하기

참 생명의 길은 텔레비전이
아닌 성경에서 나온다!

No television! Yes Bible!

I am monitor(권고자, 조언자)

내가 즐겨보는 TV 프로그램을 조사해 보세요.

* 방송시간:
* 방송내용:
* 좋 은 점:
* 나 쁜 점:
* 느 낀 점:

텔레비전 시청을 줄이고, 성경을 통해서 주님의 음성에 귀 기울이세요.

* 나의 절제(no 텔레비전)
* 나의 선택(Yes 성경비전)

전도서 11:9

청년이여, 네 젊은 시절을 즐거워하여라. 네 젊은 날에 마음을 기쁘게 하여라. 네 마음이 원하는 것과 네 눈이 보는 것을 따라 즐겨라. 그렇지만, 이 모든 일들에 하나님의 심판이 있다는 것도 기억하여라.

14

롬 13:14

성은 아름답고 거룩한 것이다

성聖 & 성性

1

Teens Life
내 생활 살펴보기

순결서약서

우리 사회는 성 개방 풍조로 인하여 점점 성적으로 문란해져 간다. 이런 현상에 대한 반성으로 청소년들 사이에서 '순결 서약 운동'이 확산되고 있다. 이는 성 존재 이유를 '미래의 자녀, 미래의 배우자, 자기 자신을 위한 것' 이라고 밝히고, 자신의 몸과 마음을 소중히 다루며 결혼 전이나 후에도 정신과 육체의 순결을 스스로 지키겠다는 것을 다짐하는 서약서다.

서약서

*나는 성을 하나님이 주신 선물로 믿고 귀하게 여긴다.

*나는 결혼 전에 오는 어떤 성적 유혹도 이겨낸다.

*나는 불법CD · 비디오, 잡지 등 왜곡된 성문화를 거부한다.

*나는 결혼 외의 어떤 성적 호기심도 단호히 배격한다.

*서약일 ____________ *서약자 ____________ ㊞

오직 주 예수 그리스도로 옷 입고
정욕을 위하여 육신의 일을 도모하지 말라

롬 13:14

2 Life Bible
말씀 살펴보기

➔ '정욕을 위하여' 우리가 쉽게 범하는 죄는?

➔ '육신의 일'은 무엇인가?

➔ '그리스도의 옷'이 필요한 이유는?

➔ '더러운 성'이 아닌 '거룩한 성' 문화를 위해서 내가 버려야 할 것은?

3

Bible Teens
묵상 적용하기

거룩한 성을 위하여 순결한 삶을 살자.

Live the chaste life!

순결한 삶을 위한 실천 사항 5

1

2

3

4

5

데살로니가전서 4:3-5

하나님께서는 여러분이 성적인 모든 죄를 피하고 거룩하고 순결하게 살기를 원하십니다. 자신의 몸을 거룩하고 존귀하게 사용하십시오. 육체의 정욕에 따라 여러분의 몸을 사용하지 마십시오. 그것은 하나님을 모르는 사람들이나 짓는 죄입니다.

15

갈 1:10

주님이 주시는 영원한 기쁨을 누리자

개콘&개그양

1

Teens Life
내 생활 살펴보기

매번 반복되는 학교수업과 학원수업에도 잘 오르지 않는 성적 때문에 여드름만 늘어가는 17살 고등학생 개그양. 그녀의 유일한 낙이라면 주말 저녁 그것을 보는 일. "참~ 쉽죠" "영광인줄 알아~ 이것들아!"오늘도 공부하다 짜장에 짬봉이 밀려올 때면 그 말을 떠올리며 애써 웃음 짓는다. 개그양의 웃음은 진짜 웃음일까?

· 나에게 주로 웃음을 주는 것은 무엇인가?

□ 주위 사람들 □ 텔레비전이나 영화 □ 만화책 □ 기타 (   )

· 삶이 우울하다면 그 이유는?

□ 과도한 학업 스트레스
□ 부모님이나 친구들과의 관계
□ 외모
□ 가정환경
□ 기타 (   )

2 Life Bible
말씀 살펴보기

내가 사람들에게 좋게 하랴 하나님께 좋게 하랴
사람들에게 기쁨을 구하랴 내가 지금까지
사람들의 기쁨을 구하였다면 그리스도의 종이 아니니라

갈 1:10

➔ '좋게 하랴'에서 주로 '나는' 어느 쪽이었는가?

➔ '사람들에게 기쁨을 구하랴'의 구체적인 방법은?

➔ 세상이 주는 '웃음'과 주님이 주시는 '기쁨'의 차이점은 무엇인가?

➔ '그리스도의 종'이 마땅히 구해야 할 '기쁨'은?

3

Bible Teens
묵상 적용하기

예수님 안에서 영원한 웃음인, 참기쁨을 누리자.

Rejoice in God!

1분 개그 콘테스트

- 각각 돌아가면서 모든 방법을 동원하여 1분 안에 반 친구들을 웃긴다.
- 모두 마친 후 '웃음과 기쁨'에 대한 서로의 느낌을 나눈다.

요한복음 15:11

내가 이것을 너희에게 말한 것은
나의 기쁨이 너희 안에 있어 너희 기쁨이 가득 넘치게 하려는 것이다.

16 히 3:10

세상의 것에 중독되지 않도록 주의하자

중독시대

1 Teens Life
내 생활 살펴보기

다음 질문에 답해 보며 자신의 생활을 살펴 보세요. 그리고 친구들과 나눠 보세요. 그동안 서로 잘 모르던 부분을 알고, 이해하는 시간이 될 것입니다. 또한 오늘의 주제에 대해 깊이 생각하는 기회도 될 것입니다.

· 밤새 인터넷을 하다가 예배에 지각한 적이 있다? ☐ Yes ☐ No
· 한 번 만화책을 잡으면 결말까지 읽어야 한다? ☐ Yes ☐ No
· 좋아하는 음식은 질릴 때까지 먹는다? ☐ Yes ☐ No
· 한 가지 일에 중독된 게 아닐까 느낀 적이 있다? ☐ Yes ☐ No
· 하루라도 그 일을 하지 않으면 마음이 불안하다? ☐ Yes ☐ No
· 주위에 중독에 빠진 친구가 있다? ☐ Yes ☐ No
· 핸드폰과 컴퓨터가 없는 하루는 상상할 수 없다? ☐ Yes ☐ No

내가 이 세대에게 노하여
이르기를 그들이 항상 마음이 미혹되어
내 길을 알지 못하는도다
히 3:10

2 Life Bible
말씀 살펴보기

➔ 내가 진단하는 '이 세대'는 어떤가?

➔ 하나님이 '노하여'라고 말한 이유는?

➔ 사탄이 우리의 '마음'을 '미혹'하는 방법은?

➔ 세상의 것에 '중독된 사람'은 '주님의 길'을 알지 못한다. 그 '결과'는?

3

Bible Teens

묵상 적용하기

세상의 것에 중독될 때
우리는 가장 소중한 것을 잃게 된다.

Detoxify with the Bible!

중독이란?

중독[Addiction]의 어원은 라틴어 'addicene'으로 '동의하는 것, 양도하는 것'을 뜻한다. 고대 사회에서 감금되거나 노예가 된 사람을 묘사하는 데 사용되었다. 처음에는 내가 하고 싶고 필요해서 하지만 나중에는 그것의 노예가 되는 것이 중독이다.

중독에 빠진 친구들을 돕기 위한 나의 기도& 실천

그들을 돕기 구체적인 방안을 생각해 보세요. 당신이 열쇠입니다!

야고보서 1:14-15

사람이 시험을 받는 것은 자신의 악한 욕심에 이끌려 유혹을 받기 때문입니다.
욕심은 죄를 낳고, 죄는 점점 자라 죽음을 가져옵니다.

School Life

17

히 10:25

학교에 빠지지 말고 가자

학교는 集이다!

1

Teens Life

내 생활 살펴보기

MEANING

학교는 集(집)이다!

㉠ 모으다 ㉡ 편안히 하다 ㉢ 이르다 ㉣ 가지런하다 ㉤ 이루다

• 하루 중 가장 많은 시간을 보내는 학교. 나에게 있어서 학교는 어떤 곳인가?

집(集)의 의미 중에 한 가지를 골라 보고, 평소 학교에 대한 나의 솔직한 생각을 말해 보자.

2

Life Bible

말씀 살펴보기

모이기를 폐하는 어떤 사람들의
습관과 같이 하지 말고 오직 권하여
그 날이 가까움을 볼수록 더욱 그리하자

히 10:25

➔ '어떤 사람들의 습관'은 무엇인가?

➔ '오직 권하여'야 할 것은?

➔ '그 날'은 언제인가?

➔ 학교에서 '모여' 공부하는 것이 왜 중요한가?

3

Bible Teens
묵상 적용하기

학교 생활을 즐겁게 하자.

Have fun at school!

각 주제에 대해 자신의 생각을 짧게 나눠 보세요.

1분 ★ 말하기speech "학교는 필요하다!"

1분 ★ 자랑pride "학교~ 참~좋죠!"

1분 ★ 감사thanksgiving "학교야, 고맙다!"

CHANGE! 학교 생활

Before

After

사도행전 11:26

사울을 찾은 바나바는 사울을 안디옥으로 데려왔습니다. 두 사람은 일 년 동안, 교회에 머물면서 많은 사람을 가르쳤습니다. 제자들은 안디옥에서 처음으로 '그리스도인'이라고 불렸습니다.

공부를 즐겁게 하자

18 공부는 樂이다!

딤전 4:16

1

Teens Life
내 생활 살펴보기

MEANING

공부는 樂(락)이다!

㉠ 즐기다 ㉡ 즐거워하다 ㉢ 노래(악) ㉣ 아뢰다(악) ㉤ 좋아하다(요)

• Funny 속담

"공부는 늙어 죽을 때까지 해도 다 못한다." – 지식을 넓히고 수준을 높이기 위해서는 일생 동안 끊임없이 배우고 학습해야 함을 강조하여 이르는 말.

"공부하랬더니 개잡이를 배웠다." – 공부를 하라고 했더니 개백장 노릇을 배웠다는 뜻으로, 좋은 일을 하랬더니 엉뚱하게도 나쁜 짓을 함을 비유적으로 이르는 말.

공부에 관한 속담을 직접 만들어 보세요.

"______________________________"

네가 네 자신과 가르침을 살펴
이 일을 계속하라 이것을 행함으로
네 자신과 네게 듣는 자를 구원하리라

딤전 4:16

2 Life Bible
말씀 살펴보기

➔ '살펴'야 할 일은?

➔ '가르침'을 살핀다는 말은?

➔ 가르침대로 '행할 때' 받는 것은?

➔ '구원'의 기쁨과 '공부'의 기쁨을 각각 이야기하면?

공부를 즐기자.

Let's enjoy studying!

각 주제에 대해 자신의 생각을 짧게 나눠 보세요.

1분 * 말하기speech "공부를 즐겁게 하는 비법!"

1분 * 자랑pride "난 공부는 열심히 한다. 성적은 그럴지라도~"

1분 * 감사thanksgiving "나의 성적을 좋게 만들어 준 그분(것)에 감사!"

CHANGE! 공부 습관

Before

After

사도행전 2:42

사람들은 사도들의 가르침을 받으며 서로 교제하고,
빵을 나누어 먹고 기도하는 일에 힘썼습니다.

선생님을 사랑하자

19 선생님은 愛다!

딤후 1:11

1 Teens Life
내 생활 살펴보기

MEANING

선생님은 愛(애)다!

㉠ 사랑하다, 사모하다 ㉡ 가엾게 여기다 ㉢ 그리워하다

㉣ 소중히 하다 ㉤ 친밀하게 대하다

• 5글자 talk

· 나에게 선생님은 □□□□□이다.

____

· 선생님이 좋은 이유는 □□□□□때문이다.

____

· 선생님이 싫은 이유는 □□□□□때문이다.

____

내가 이 복음을 위하여
선포자와 사도와 교사로 세우심을 입었노라

딤후 1:11

2 Life Bible
말씀 살펴보기

➔ **'이 복음'**은 무엇인가?

➔ **'교사'**의 사명은 무엇인가?

➔ **'선생님을 사랑'**할 수밖에 없는 이유는?

➔ 선생님을 **'사랑'**할 때 얻은 것은?

3

Bible Teens
묵상 적용하기

선생님은 우리를 선한 길로 인도하신다.

Let's respect for teachers!

각 주제에 대해 자신의 생각을 짧게 나눠 보세요.

1분 ★ 말하기speech "선생님을 사랑할 수밖에 없는 이유 3가지!"

1분 ★ 자랑pride "우리 선생님 최고예요!"

1분 ★ 감사thanksgiving "지금의 나를 만드신 선생님, 감사드려요!"

CHANGE! 선생님을 대하는 나의 태도

Before

After

시편 143:10

나를 가르치시고 주의 뜻을 알게 해 주소서.
주는 나의 하나님이십니다. 주의 선하신 성령으로 나를 바른 길로 인도하여 주소서.

20

민 21:9

핵심을 놓치지 말자

국영수는 必이다!

1 **Teens Life**
내 생활 살펴보기

MEANING
국영수는 必(필)이다!

㉠ 반드시, 틀림없이, 꼭 ㉡ 오로지 ㉢ 가벼이, 소홀히
㉣ 이루어 내다 ㉤ 전념하다

• 5글자 talk

· 지금 내가 반드시 해야 할 일은 □□□□□이다.

____

· 국영수는 □□□□□이다.

____

모세가 놋뱀을 만들어
장대 위에 다니 뱀에게 물린 자가
놋뱀을 쳐다본즉 모두 살더라

민 21:9

2 Life Bible
말씀 살펴보기

➔ '모세'는 누구인가?

➔ '놋뱀'을 만든 이유는?

➔ 이스라엘 백성이 살기 위해서 '반드시(必)'해야 할 것은?

➔ 무엇인가 '집중'할 때 얻는 유익은?

3

Bible Teens
묵상 적용하기

핵심을 파악하라.

Identify the key!

내 인생(13~20세)의 "必" 코스

(반드시 하고 싶은 것, 반드시 해야 하는 것을 써 보세요.)

* 나이 13 14 15 16 17 18 19 20

* 코스

CHANGE! 국영수를 대하는 나의 태도

Before After

여호수아 23:6

힘을 내시오. 왼쪽으로나 오른쪽으로 치우침 없이
모세의 율법책에 써 있는 모든 것에 복종하도록 주의하시오.

21

삼상 18:1

친구와 아름다운 관계를 맺어 가자

친구는 美다!

1

Teens Life
내 생활 살펴보기

MEANING

친구는 美(미)다!

㉠ 아름답다 ㉡ 맛있다 ㉢ 즐기다 ㉣ 좋다 ㉤ 기리다

- **내가 만드는 친구 사귀기 십계명**

One 자기 자신을 사랑하라.

Two 상대방의 입장에서 생각하라.

Three 가까울수록 예의를 지켜라.

Four 사랑을 얻으려면 자존심을 버려라.

Five 적게 말하고 많이 들어라.

Six 말과 행동을 일치시켜라.

Seven 겸손하되 자신의 뜻을 분명히 하라.

Eight 완벽한 사람이 아니라 솔직한 사람이 돼라.

Nine 상대방의 장점을 칭찬한 뒤에 단점을 말하라.

Ten ______________________________

다윗이 사울에게 말하기를 마치매
요나단의 마음이 다윗의 마음과
하나가 되어 요나단이 그를 자기 생명 같이 사랑하니라

삼상 18:1

2 Life Bible
말씀 살펴보기

→ '다윗과 요나단'은 어떤 관계인가?

→ '마음과 마음'이 하나가 되었다는 말은?

→ 요나단과 다윗의 '우정의 정도'를 알 수 있는 단어는?

→ '마음'을 나누고 '생명'을 내놓아도 아깝지 않은 친구가 있는가?

3

Bible Teens
묵상 적용하기

친구는 하나님이 주신 보물이다.

Get along with your friends!

아름다운 우정을 나누기 위한 비법 대공개

- 나는 친구를 사귀기 위해서 다.
- 나는 친구와 갈등이 있을 때 다.
- 나는 친구와 더 친해지기 위해서 다.
- 나는 친구를 위해서 포기할 수 있다.

CHANGE! 우정

Before	After

요한복음 15:13-14

사람이 자기 친구를 위해 자기 목숨을 내놓는 것보다 더 큰 사랑은 없다. 내가 너희에게 명하는 것을 행하면, 너희는 내 친구다.

언제나 정직하게 행동하자

22 커닝은 毒이다!

갈 6:7

1 Teens Life
내 생활 살펴보기

MEANING

커닝은 毒(독)이다!

㉠ 독, 해악 ㉡ 비참 ㉢ 해치다, 죽이다
㉣ 근심하다 ㉤ 미워하다 ㉥ 난폭하다

• 정직에 관한 명언

· 오래가는 행복은 정직한 것에서만 발견할 수 있다. – 라히텐베르크
· 완벽한 사람이 아닌 솔직한 사람이 돼라. – 앤드류 매튜스
· 정직과 성실을 그대의 벗으로 삼으라! 아무리 누가 그대와 친하다 하더라도 그대의 몸에서 나온 정직과 성실만큼 그대를 돕지는 못하리라. 남의 믿음을 잃었을 때에 사람은 가장 비참한 것이다. 백 권의 책보다 하나의 성실한 마음이 사람을 움직이는 힘이 더 클 것이다. – 벤자민 프랭클린

• 내가 만드는 명언

· ______________________________ – __________

2

Life Bible
말씀 살펴보기

스스로 속이지 말라 하나님은
업신여김을 받지 아니하시나니
사람이 무엇으로 심든지 그대로 거두리라

갈 6:7

➔ '스스로 속이지 말라'는 의미는?

➔ '하나님'은 어떤 분이신가?

➔ '그대로 거두리라'의 말씀에 비추어 내가 심은 것과 거둘 것은?

➔ '커닝'과 같은 '거짓된 행동'의 결과는?

3

Bible Teens
묵상 적용하기

커닝 없는 학교문화를 만들자.

Be honest to god!

Clean 서약서

나는 이제부터 절대로 커닝하지 않을 것이며,
이를 어길 시 선생님과 친구들의 처벌에 기꺼이 따를 것을 약속한다.

년 월 일 ★서약자 ________ 인

I am Cleaner

★ 커닝을 하지 않는다.
★ 커닝하는 친구들을 막는다.
★ 시험 준비를 잘 할 수 있도록 서로 돕는다.
★ 선생님의 도움을 구한다.

CHANGE! 정직한 삶

Before

After

이사야 26:7

공평하신 하나님이시여,
주께서 의로운 사람의 길을 곧게 하심으로 그 길이 순탄합니다.

폭력은 우리와 친구를 망하게 한다

23 폭력은 亡이다!

시 11:5

1 Teens Life
내 생활 살펴보기

MEANING

폭력은 亡(망)이다!

㉠ 망하다, 멸망하다 ㉡ 잃다, 없어지다 ㉢ 죽다 ㉣ 잊다 ㉤ 업신여기다, 경멸하다

• 망(亡, perish)대신 망(望, Hope)

우리 안에는 죄를 지으려는 본성이 있기 때문에 이 본성은 우리를 폭력자로 만들거나 폭력의 방관자가 되게 한다. 그러나 예수님을 믿는다면 망(望)이 생긴다. 폭력예방운동은 예수님으로부터 시작되어야 한다.

내 삶에서 망(亡, perish)대신 망(望,Hope)으로 바꿔야 할 부분은 무엇인지 나누어 보자.

2
Life Bible
말씀 살펴보기

여호와는 의인을 감찰하시고
악인과 폭력을 좋아하는 자를
마음에 미워하시도다

시 11:5

→ '여호와'는 누구신가?

→ '의인을 감찰'한다는 의미는?

→ '악인과 폭력을 좋아하는 자'가 받을 형벌은?

→ '마음에 미워하시도다'의 말씀에서 느끼는 것은?

3

Bible Teens
묵상 적용하기

하나님 안에서 친구들과 평화하라.

Abandon violence and get peace!

일진은 예수님! 신앙 동아리 만들기!

신앙 동아리 만들기. 학생들 간의 문제는 학생들이 가장 잘 안다. 따라서 학교폭력근절을 위해서 우리가 나서야 한다.

- 학교별로 동아리(학생 중심)를 만든다.
- 매일 또는 매주 정기적인 모임을 갖는다.
  (쉬는시간 또는 점심시간 이용하여 말씀나눔 및 기도)
- 폭력을 당하는 학생들이 있는지 감시하고 도움을 준다.

CHANGE! 도우미

Before

After

마태복음 26:52

예수님께서 그에게 말씀하셨습니다.
칼을 도로 제자리에 꽂아라. 칼을 쓰는 사람은 칼로 죽을 것이다.

주 안에서 서로 이해하며 사랑하자

24 왕따는 狂이다!

창 37:5

1 Teens Life
내 생활 살펴보기

MEANING
왕따는 狂(광)이다!

㉠미치다 ㉡ 사납다 ㉢ 경망하다 ㉣ 광병 ㉤ 광인

• **왕따 기질 테스트** 자신에게 해당하는 난에 V표시를 한 후 아래의 진단표를 찾아보자.

· 친구보다는 성적이 먼저라고 생각한다 □
· 수업 시간에 "놀아요~" 하는 친구들을 보면 짜증난다 □
· 같이 노는 친구들 중에서 나보다 잘난 친구는 없다 □
· 모두가 아는 소문을 가장 늦게 전해 듣는 편이다 □
· 지금 우리 반이 마음에 들지 않는다 □
· 친구들이 하는 유행어를 잘 못 알아듣는다 □
· 주말을 집에서 혼자 보내는 경우가 대부분이다 □

• **결과**

1개 이하 – 왕따가 아님 / 2~3개 – 왕따 잠재력이 있음 / 4~6개 – 은따(은근히 따돌림) / 7개 이상 – 완벽한 왕따

요셉이 꿈을 꾸고
자기 형들에게 말하매
그들이 그를 더욱 미워하였더라

창 37:5

2 Life Bible
말씀 살펴보기

➔ '요셉'의 삶은 어떠했는가?

➔ '형들'에 대해서 아는 대로 말하면?

➔ 형들이 요셉을 '미워한 이유'는?

➔ 요셉이 '왕따를 당한 이유'를 나름대로 생각해 보면?

3

Bible Teens
묵상 적용하기

친구의 부족한 모습도 이해하고 사랑하자.

Get to understand each other and love!

단점 고백하기&이해하기

내 단점 고백

친구의 단점 이해

변화하기&격려하기

변화하기

격려하기

누가복음 2:52

예수님은 지혜와 키가 더욱 자랐고,
하나님과 사람들로부터 사랑을 받았습니다.

인도자 지침

1. 잠은 잘 자니?

Point 1. 마태복음 11장 28절 말씀에는 지친 사람들을 향한 예수님의 초청 메시지가 담겨 있습니다. 학업과 미래에 대한 불안감 때문에 잠을 이루지 못하는 십대들에게 참 쉼을 주시는 예수님의 말씀이 중요함을 알려 주세요. 성경을 따로 찾을 필요는 없습니다. 교재에 있는 성경을 함께 읽고 학생들이 자유롭게 이야기를 나눌 수 있도록 모임을 인도해 주세요.

Point 2. 도입 부분의 글을 읽고 체크리스트를 작성하며 학생들이 자연스럽게 마음을 열 수 있도록 분위기를 조성해 주세요. 공부를 마무리하면서 적용 질문을 한 뒤 그날이나 다음 날 전화로 결단한 것들을 잘 실천할 수 있도록 격려해 주세요.

2. 밥은 먹었니?

Point 1. 불규칙적인 식사와 편식으로 인해 건강을 해치는 청소년들이 점점 증가합니다. 건강한 식생활은 건강한 삶의 기초가 됩니다. 체크리스트를 서로 나누며 이것의 중요성에 대한 공감대를 형성해야 합니다. 그리고 육적인 건강을 위해서 음식을 골고루 섭취해야 하듯이 영적인 건강을 위해서는 영적 일용할 양식인 '성경'을 열심히 읽어야 함을 알려 주세요.

Point 2. 누가복음 11장 3절은 '주기도문'의 한 부분입니다. 이 말씀에 담겨 있는 중요한 의미를 학생들이 놓치지 않도록 지도해 주세요. 예수님이 말씀하신 '일용할 양식'은 오직 주님만을 바라볼 때 주시는 은혜와 평강입니다. 따라서 내일의 걱정이 아닌 오늘의 삶에

만족하는 삶입니다. 이 과를 함께 공부함으로 인해 묵상의 중요성을 깨달을 수 있도록 격려해 주세요.

3. 깨끗이 씻었니?

Point 1. 열왕기하 5장 10절 말씀은 순종함으로 나병이 나은 기적의 순간을 기록하고 있습니다. 아람의 장군이었던 나아만이 연약한 나라의 엘리사 선지자 말을 듣기는 쉽지 않았을 것입니다. 그러나 그는 선지자의 말에 순종했고 나음을 입었습니다. 정결한 삶의 출발은 '순종'입니다. 말씀에 순종할 때 영적 청결함을 입을 수 있으며 건강한 삶이 가능합니다.

Point 2. '씻으라'와 대구를 이루는 단어는 '깨끗하리라'입니다. 기적은 단순한 데서 시작됩니다. 몸을 깨끗이 씻을 때 각종 질병을 예방할 수 있듯이 하나님의 말씀에 순종함으로 영적으로 청결한 삶을 살 수 있도록 지도해 주십시오. 학생들이 청결한 삶을 살기 위해 꾸준히 노력할 수 있도록 지속적인 격려와 기도가 필요합니다.

4. 욕하니까 좋으니?

Point 1. 욕은 어느 순간부터 청소년의 언어 생활 일부가 되었습니다. 교사 자신도 학창 시절을 떠올려 본다면 그들을 쉽게 이해할 수 있을 것입니다. 학생들이 솔직하게 이야기할 수 있도록 분위기를 만들어 주세요. 또한 그 심각성에 대해서도 깨닫고 반성할 필요가 있습니다.

Point 2. 시편 34편 13절 말씀은 여호와를 경외할 것에 대한 가르침 중 '언어'에 대한 부분입니다. 악과 거짓을 금하라고 하시는 주님의 말씀에 순종해야 함을 강조해 주세요. 이것은 혼자 힘으로는 바꾸기 힘듭니다. 인도자가 평상시에 늘 모범을 보이는 것이 중요합니다. 'Bible Teens'에서 하는 서약식이 장난이 되지 않도록 주의하세요.

5. 시간 나면 뭐하니?

Point 1. 사무엘하 11장 2절 말씀은 여가 시간을 올바로 활용하지 못했던 다윗의 모습을 보여 주고 있습니다. 다윗은 무료한 시간을 보내다가 목욕을 하고 있던 밧세바를 보고 간음죄를 짓게 되었습니다. 이처럼 여가 시간을 건전하게 보내지 못하면 자칫 죄에 빠지기 쉽습니다. 특히 청소년기에는 여러 유혹에 빠지기 쉬우므로 이번 과는 매우 중요합니다.

Point 2. 입시 위주의 학업 분위기 때문에 청소년들의 여가 시간은 넉넉하지 않습니다. 그러므로 소중한 여가 시간을 잘 활용해야 합니다. 청소년들이 시간이 날 때 무엇을 하는지 자신을 점검해 보도록 돕고, 구체적인 나눔을 가져 보세요. 나만의 여가 노하우를 공개하면서 서로 건전한 여가 시간을 보낼 수 있도록 격려하세요.

6. 엄마 말은 왜 안 듣니?

Point 1. 청소년 시절에는 특히 부모님과 갈등을 빚기 쉽습니다. 그런 학생들의 마음을 이해하고 공감대를 형성하는 것이 중요합니다. 나눔 중에 진지한 고백이 나올 수도 있습니다. 그때는 가벼이 넘기지 말고 함께 해결책을 찾아보세요. 삼행시를 지으면서 아빠와 엄마를 향한 사랑을 회복할 수 있도록 도와주세요.

Point 2. 에베소서 6장 1절 말씀은 자녀들이 부모님께 순종할 것을 가르칩니다. 그러나 중요한 단서는 '주 안에서'입니다. 이것은 말씀을 기준으로 삼으라는 뜻입니다. 왜냐하면 그리스도인들에게 있어서 삶의 기준은 성경이기 때문입니다.

7. 남친(여친)은 있니?

Point 1. 청소년기에는 이성에 대한 호기심도 많아지고 실제로 교제도 하게 되는 시기입니다. 하나님 안에서 건전하고 인격적인 만남이 되어야 함을 알려 주세요.

Point 2. 유대인인 삼손은 이방인과 결혼할 수 없었고, 더구나 그는 나실인으로 독주를 마시거나 죽은 자의 몸에 손을 대어서는 절대로 안 되며 헌신의 표시로서 머리를 깍지 못했습니다.(민수기 6장 참고) 그러나 그는 자신의 신분을 망각하고 이방 여인에게 관심을 가지고 교제하며 결혼하기를 원했습니다. 그 결과 결국 하나님께서 허락하신 능력을 잃고 맙니다.

8. 다이어트는 하니?

Point 1. 본문은 욥에게 충고하는 엘리바스의 말 중 한 단락으로 악인의 전형적인 모습을 나타내고 있습니다. 얼굴에 찐 살은 그를 대담

하고 교만하게 보이게 하며 허리에 붙은 살은 그를 편하게 눕게 하며 무감각하게 만든다는 것을 말합니다. 이런 사람들은 결국 하나님을 믿지 않는 불신앙의 길을 걷게 됩니다.

Point 2. 영적 · 육적 다이어트는 우리의 삶에 반드시 필요합니다. 비만으로 인해 찾아오는 영적 게으름 때문에 멀어진 하나님과의 관계가 있다면 회개하고 다시 회복할 수 있도록 격려해 주세요. 또한 영적 성장에 방해가 되는 부분은 과감하게 버릴 수 있게 해 주세요.

9. 랩&록

Point 1. 유대인들은 회당에 모여서 시편을 읽을 때 무반주로 음율을 넣어서 읽었습니다. 이것은 마치 랩과 비슷합니다. 또한 강렬한 메시지를 주는 록도 열정적으로 드리는 찬송과 비슷합니다. 하지만 중요한 것은 그 마음에 중심입니다. 세상 노래의 중심은 '인간'이고 찬양의 중심은 '하나님'입니다. 노래의 장르가 아닌 의미가 중요합니다.

Point 2. 에베소서 5장 19절 말씀은 찬양의 진정한 모습이 무엇인지 명확하게 가르쳐 줍니다. 찬양은 전심을 다하여 하나님께 드려야 합니다. 찬양도 록, 랩, 힙합 등 얼마든지 여러 장르로 부를 수 있습니다. 가장 중요한 것은 하나님을 사랑하는 마음을 찬양에 담아 표현하는 것입니다.

10. 댄싱퀸

Point 1. 출애굽기 15장 20절은 홍해를 가르신 하나님의 놀라운 능력에 감격하여 춤추는 이스라엘 백성의 모습을 묘사하고 있습니다. 하나님의 초자연적이 역사로 홍해를 건넌 이스라엘 백성들에게는 기쁨과 감사가 넘쳤습니다. 모세의 누이였던 미리암은 이와 같은 놀라운 역사를 행하신 하나님께 온맘과 몸을 다하여 감사를 드렸습니다.

Point 2. 댄스를 스트레스 해소 또는 여가 활동으로 즐기는 십대들이 늘어나고 있습니다. 우리의 몸짓도 주님을 위한 것이 되어야 합니다. 하나님을 향한 사랑과 경배를 온맘과 몸을 다해 드릴 수 있도록 지도해 주세요. 인간 중심적인 댄스 문화를 하나님 중심적인 댄스 문화로 바꾸어야 합니다. 바로 이 사명이 우리에게 있습니다.

11. 액션&에로

Point 1. 영화는 가장 손쉽게 접할 수 있는 문화입니다. 그러나 영화 속에 스며든 나쁜 사상은 청소년들에게 나쁜 영향을 끼쳐 병들게 합니다. 인간 가치에 따라 선하게 보일지라도 성경과 상관없다면 그 모든 것은 선하지 않습니다. 성경적인 가치관으로 영화를 분별할 수 있는 눈을 키워 주세요. 'Bible Teens'의 영화 만들기 활동은 청소년부 전체 활동으로 진행해도 좋습니다.

Point 2. 요한일서 2장 16절 말씀은 우리가 세상에 살면서 흔히 죄에 빠지게 되는 원인을 세 가지로 설명합니다. 그중 안목의 정욕은 요즘처럼 미디어가 발달한 시대에 우리를 더욱 죄에 빠지게 만듭니다.

12. 스타킹Star-king

Point 1. 아담의 자손인 우리는 죄의 본성 때문에 항상 하나님의 영광을 가로채려는 생각이 강합니다. 하나님의 영광을 위한 삶은 하나님이 기뻐하시는 일을 하는 것입니다. 세상을 사랑하는 모든 생각과 말을 버려야 합니다. 요즘 청소년들은 스타를 지나치게 우상화하고, 남들보다 자신을 드러내기 좋아합니다. 그러나 진정한 스타는 예수님이며 예수님을 믿는 우리라는 사실을 전하세요.

Point 2. 시편 4편 2절은 하나님께 영광 돌리지 않고 세상을 사랑하는 자들을 향해 질문을 던지고 있습니다. 하나님의 영광을 도적질하는 강도가 되지 말고, 진실로 하나님께 모든 영광을 돌리는 주님의 자녀가 되어야 합니다.

13. 텔레비전&성경비전

Point 1. 텔레비전을 한 번 보기 시작하면 계속해서 보고 싶어집니다. 그러나 텔레비전의 초점은 인본주의입니다. 텔레비전은 적당히 시청하고, 참 생명의 길인 성경을 묵상할 수 있도록 해 주세요.

Point 2. 예레미야 23장 16절 말씀은 거짓 선지자들의 헛된 가르침에 대해서 경고하고 있습니다. '헛된 것'은 인간 중심적인 모든 생각과 말을 의미합니다. 한마디로 주님의 말씀이 아닌 것입니다. 오늘날 텔레비전도 시대의 선구자적 역할을 한다고 하지만 실제로 잘못된 정보 내지는 편향된 방송으로 인하여 많은 부작용을 낳고 있습니다. 우리는 이를 경계해야 합니다.

14. 성聖&성性

Point 1. 로마서 13장 14절 말씀은 육신을 따라 죄를 짓지 말고 예수 그리스도로 옷 입을 것을 가르치고 있습니다. '정욕'은 우리의 내면에 깊이 자리 잡고 있는 욕심입니다. 이것 때문에 우리는 '육신의 일', 즉 욕심에 따라 생각하고 행동하게 됩니다. 우리가 그리스도로 옷 입지 않을 때 정욕에 따라 범죄합니다. 특히 성적인 범죄에 빠지기 쉽습니다. 그리스도의 옷을 입어 우리의 성을 아름답고 거룩하게 해야 합니다.

Point 2. 청소년들의 성 관련 범죄가 뉴스에 자주 등장합니다. 무엇이 문제인지 스스로 생각하고 순결 서약서를 진실한 마음으로 작성할 수 있도록 도와주세요. 청소년들이 충동적인 행동을 자제하고 성령의 도우심을 구할 수 있도록 격려해 주세요.

15. 개콘&개그양

Point 1. 개그 프로그램은 과도한 공부로 인해 스트레스를 받는 우리에게 웃음을 주어 삶의 활력소가 됩니다. 그러나 그 기쁨에는 한계가 있으며 오래 가지 않습니다. 진정한 만족을 가져다 줄 수도 없습니다. 영원한 기쁨은 오직 주님 안에서 누릴 수 있습니다.

Point 2. 갈라디아서 1장 10절 말씀은 우리가 그리스도의 종으로서 무엇을 구해야 하는지 가르쳐주고 있습니다. 우리는 하나님보다 당장 눈에 보이는 친구들에게 더 신경을 쓰게 됩니다. 그 친구들에게 인기를 얻으려고 유머 있는 행동을 하기도 합니다. 그러나 사람의 환심을 사는 행동보다 하나님이 주시는 참기쁨을 사모해야 합니다.

16. 중독시대

Point 1. 히브리서 3장 10절 말씀은 하나님이 싫어하시는 것이 무엇인지 분명하게 가르쳐 주고 있습니다. 이 세대는 하나님을 싫어하고 인간 중심적으로 움직입니다. 사탄은 가장 평범한 방법으로 우리를 미혹해 하나님이 원치 않으시는 행동에 중독되게 합니다. 그러므로 마음이 미혹(중독)되지 않도록 늘 깨어 있어야 합니다.

Point 2. 청소년들이 가장 쉽게 접하는 중독은 인터넷 또는 게임 중독입니다. 중독에서 헤어나려면 본인의 의지와 결심, 주변의 도움이 절대적입니다. 그 심각성을 깊이 인식하며 주변에 그런 친구가 있다면 적극적으로 도와주어야 합니다.

17. 학교는 集이다

Point 1. 학교는 가정 다음으로 십대의 삶을 차지하는 중대한 영역입니다. 지금까지 불성실한 모습으로 학교생활을 해 왔다면 성실한 학교생활을 할 수 있도록 돕는 단원입니다. 특히 그리스도인으로서 어떤 자세로 학교생활에 임해야 할지 진지하게 고민하고 결단할 필요가 있습니다.

Point 2. 히브리서 10장 25절은 말씀은 모여서 함께 그 날을 소망하며 말씀 안에 거할 것을 가르치고 있습니다. 초대 교회 당시에도 모이기를 피하여 믿음에서 떨어진 사람들이 있었습니다. 성도간의 교제는 서로에게 매우 큰 도움을 주는 것이고 특권이며 또한 믿음의 꾸준함과 인내를 주는 좋은 방법입니다. 학교 안에서도 이와 같은 유익을 얻을 수 있습니다.

18. 공부는 樂이다

Point 1. 디모데전서 4장 16절 말씀은 주의 말씀을 계속 연구하며 공부할 것을 권면하고 있습니다. 가르침을 살핀다는 말은 공부한다는 의미입니다. 주님의 말씀을 배우고 그대로 행할 때 구원을 받을 수 있듯이 공부도 열심히 해야 합니다.

Point 2. 지금까지 기쁨 없는 공부를 해 왔다면 이제부터는 기쁨과 소망으로 가득한 공부를 하기로 결심하세요. 하나님께 지혜를 구하고 주어진 환경에서 최선을 다해 즐거운 마음으로 공부해야 합니다. 갈고닦은 지혜가 주님 앞에 크게 쓰임 받는 날이 올 것입니다.

19. 선생님은 愛다

Point 1. 선생님은 우리들의 인생에 매우 중요한 영향을 줍니다. 선생님을 무시하는 언행을 그만두고 진심으로 존경하는 마음을 가져야 할 것입니다. 그리고 선생님의 마음을 이해하는 태도로 마음 문을 열어야 합니다.

Point 2. 디모데후서 1장 11절 말씀은 바울이 복음을 위해서 세움을 받았다는 것을 가르치고 있습니다. 이 복음은 십자가의 복음입니다. 이 복음 전파를 위해서 하나님은 각각 은사대로 지도자를 세우셨습니다. 복음을 듣지 않으면 영원한 죽음과 심판을 받습니다. 그런데 선생님을 통해서 이 복음을 듣게 되어 우리는 귀한 구원의 기회를 얻은 것입니다. 학교 선생님도 마찬가지로 우리에게 지식과 지혜를 가르쳐 주시는 고마운 분입니다.

20. 국영수는 必이다

Point 1. 공부할 때도 선택과 집중이 필요합니다. 그런 의미에서 국어, 영어, 수학은 핵심 과목이라고 할 수 있습니다. 국영수는 폭넓은 학문의 장을 여는 출입구가 되기 때문입니다.

Point 2. 민수기 21장 8절 말씀은 놋뱀을 통해서 구원을 받은 이스라엘 백성의 이야기가 등장합니다. 하나님을 믿지 않고 불평하던 이스라엘 백성들이 불뱀에 물려 죽어갈 때 살 수 있는 유일한 방법은 놋뱀을 바라보는 것뿐이었습니다. 치료를 위해 다른 방법을 찾는 사람은 모두 죽었습니다. 놋뱀이라는 핵심에 초점을 맞출 때 그들은 치료 받았습니다. 세상에 많은 것들이 있지만 우리는 오직 구원자되시는 하나님을 바라봐야 합니다.

21. 친구는 美다

Point 1. 사무엘상 18장 1절 말씀은 다윗과 요나단의 소중한 우정에 대해서 기록하였습니다. 요나단은 왕자였고, 다윗은 평범한 사람이었지만 둘은 마음을 나눌 정도로 절친한 친구였습니다. 그들은 우정을 생명처럼 소중히 여기고 그것을 끝까지 지켰습니다. 다윗이 사울왕에게 쫓길 때도 요나단은 아버지를 속이면서까지 다윗의 목숨을 지켜주었습니다.(사무엘상 20장 참고)

Point 2. 친구는 인생의 동반자가 될 만큼 매우 중요합니다. 특히 학창시절 사귄 친구는 평생을 함께 하는 경우도 많습니다. 그러나 청소년기에는 친구들과 갈등을 빚기 쉽습니다. 친구들을 사랑으로 대하며 주 안에서 아름다운 우정을 나누어야 할 것입니다.

22. 커닝은 毒이다

Point 1. 커닝은 학생들 사이에서 은근히 많이 행해지고 있습니다. 시험 점수가 입시에 중요한 영향을 미치기 때문에 자칫하면 유혹에 빠질 수 있습니다. 그러나 거짓된 행실은 비참한 결말을 불러옵니다. 당장은 눈에 보이지 않을지라도 썩은 나무는 반드시 넘어집니다.

Point 2. 갈라디아서 6장 7절 말씀은 얄팍한 인간의 생각이 완전히 잘못되었음을 지적하고 있습니다. 순간의 성공과 안위를 위해서 속이는 일처럼 하나님이 가증이 여기시는 일이 없습니다. '스스로 속이지 말라'는 잘못 생각하지 말라는 의미입니다. 전능하신 하나님은 모든 것을 알고 계시며 언제나 우리를 지켜보고 계십니다. 그러므로 어떤 상황에 있든지 정직하게 행동해야 합니다.

23. 폭력은 亡이다

Point 1. 학교 폭력이 사회 문제로 점점 심각해져 가고 있습니다. 그러나 폭력을 행한 자들은 반드시 폭력으로 망합니다. 주님의 뜻을 좇아 선한 행실을 할 때 주님의 은혜가 있습니다. 오직 예수님의 사랑으로 가득 찬 학교가 되도록 직접 나서 보세요.

Point 2. 시편 11편 5절 말씀은 하나님이 공의로우시다는 것을 기록하고 있습니다. 여호와는 전지전능하신 하나님이십니다. 그 하나님이 진짜 의인이 누구인지 가려내시며 악인과 폭력을 좋아하는 자를 처벌하십니다. 하나님의 미움을 받는 것처럼 비참한 것은 없습니다. 하나님은 폭력을 행하는 자들을 진심으로 미워하십니다.

24. 왕따는 狂이다

Point 1. 집단 따돌림으로 인한 피해는 개인뿐만 아니라 가족들과 사회 전체에 악영향을 미칩니다. 뿐만 아니라 피해자와 가해자 모두에게 씻을 수 없는 상처를 안겨 줄 것입니다. 그리스도인으로서 솔선수범하여 왕따가 없이 오직 사랑으로 가득한 학교를 만들기 위해서 노력하세요.

Point 2. 창세기 37장 5절 말씀은 꿈 때문에 형들에게 더욱 미움을 받는 요셉이 등장합니다.야곱은 다른 자식들보다 요셉을 매우 아꼈는데 이 때문에 형들의 미움을 받았습니다. 아버지의 사랑을 요셉이 모두 독차지했기 때문입니다. 요셉의 형은 모두 10명이었는데, 꿈속에서 자신들이 동생에게 절했다는 사실이 그들을 더욱 화나게 만들었습니다. 이러한 미움이 커져 결국 형들로부터 버림받는 비극이 일어났습니다. 주 안에서 서로 사랑해야 합니다. 사랑이 없을 때 문제가 생깁니다.

청소년을 위한 용어 사전

계시 – 사람들이 알지 못하는 것을 하나님께서 가르쳐서 알게 하는 것이다. 처음 사람이 하나님을 알게 된 것도 하나님께서 자신을 계시하셨기 때문이다.

고난 – '괴로움과 어려움', 하나님 나라와 복음을 위해 성도들이 겪는 어려움을 말한다.

교단 – 같은 신앙을 고백하는 성도들이 모여서 만든 단체이다. 한국교회에 여러 교단이 있는 것은 각기 다른 교단의 선교사들에 의해 복음이 전파되었기 때문이다.

교독문 – 교독은 서로 번갈아 가면서 읽는다는 뜻이며 교독문은 번갈아 가면서 읽는 성경 말씀이다. 교독문을 읽으면서 성도들은 자신의 마음을 돌아보게 된다.

교리 – 성경의 내용들과 중요한 가르침들을 모아 성도들이 공부하도록 만든 것으로 오랜 교회의 역사를 통해서 이루어 졌다.

교역자 – 교회에서 설교, 심방, 행정, 교육부서를 맡아서 일하는 목회자(목사, 전도사)들을 통틀어 교역자라고 한다.

구속 – 죄의 값을 치르고 다시 사는 것을 말한다. 예수님이 우리를 구속하셨다는 말은 우리의 죄 값을 치르시고 우리를 하나님의 자녀로 삼아 주셨다는 뜻이다.

구원 – 인류의 죄악으로부터 건져내어 천국으로 가게 하는 것이다. 구원은 예수님으로부터 온다.

독생자 – 하나님의 아들 예수님에 대한 표현으로 '하나밖에 없는 아들', '특별한 출생을 한 아들'이란 의미로, 사람들과는 전혀 다른 예수 그리스도의 출생과 하나님과의 관계에 대한 표현이다.

메시아 – 헬라어의 '그리스도'와 같은 말이다. '세상을 구원하실 자'라는 말이다.

목사 – 안수를 받아 하나님의 말씀을 전하고 성례를 행하며 성도를 돌보는 일을 한다.

묵도 – 눈을 감고 경건한 마음으로 기도하는 것이다. 예배를 드리기 위해 분주한 마음을 정리하며 예배로 나아가는 의식이다.

묵상 – 하나님의 말씀을 읽고 듣고 외운 다음 그것을 마음 속에 깊이 생각하여 삶 속에 실천하는 과정이다.

보혈 – '보배로운 피'란 뜻으로, 그리스도께서 우리를 위해 십자가에서 흘리신 구속의 피를 말한다.

보혜사 – '도우시는 이'란 뜻으로, 하나님을 바로 알고 말씀을 깊이 이해하도록 하여 그리스도인의 삶을 살도록 돕는다는 표현이다. 성경에서는 성령님과 예수님에 대해서 이 표현을 사용했다.

사단 – 처음에는 하나님을 보좌하던 천사였으나 교만함 때문에 타락해, 마귀, 귀신 등 악한 영들을 대표하게 되었다. 그들은 성도들을 시험하고 속여서 구원받지 못하게 한다. 이 사단은 마지막 심판 날에 영원한 지옥 불못에 가둬지게 된다.

샬롬 – 하나님의 평화를 바라는 인사말이다.

성례 – '거룩한 예식'이란 뜻으로 성찬과 세례가 있다. 성찬은 예수님의 죽음을 기념하는 행사로 떡과 포도주를 나누는 것을 관장하며, 세례는 교회에서 처음 예수님을 믿고자 결심한 사람에게 그리스도의 한 몸이 된 것을 나타내는 예식이다.

성육신 – 거룩하시고 영원하신 하나님께서 사람이 되어 이 땅에 오신 것을 말한다.

성화 – 거룩하게 되어 간다는 말로 예수님을 닮아 가는 과정을 말하며, 그리스도인이 이 땅에서 살아가는 과정을 의미한다.

세례(침례) – 세례는 물에 몸이 잠겼다가 다시 나오는 예식으로 각 교단마다 그 방법은 조금씩 다르지만 같은 뜻을 내포하고 있다. 세례는 이제 완전한 그리스도의 사람이 되었다는 것을 상징하는 예식으로 몸이 물에 잠길 때 세상과 죄에 대해서 죽었다는 것을 뜻한다. 즉 "나는 예수님의 죽으심 때문에 세상과 죄에 대해서 죽었습니다. 그리고 다시 올라올 때는 그리스도와 함께 다시 살아났습니다. 즉 나는 영원히 그리스도와 함께 살겠습니다"라는 고백이다. 그래서 세례는 그리스도와 연합하게 한다. 세례는 의식도 중요하지만 먼저 그 마음에 진심으로 그리스도의 사람이 되고자 하는 신앙 고백과 믿음이 선행되어야 한다.

송영 – 시를 외어서 읊는다는 의미로 예배를 돕는 성가대의 찬양이나 음악 반주를 의미한다.

심판 – 죽은 후 하나님 앞에서 그 행위에 대한 심판을 받게 된다. 죽음이 반드시 있는 것이라면 심판도 반드시 있는 것이다. 이 심판을 통해서 하나님을 섬기고 살았던 사람들에게는 위로의 천국을, 악하게 하나님을 떠나 살았던 사람들에게는 지옥을 주신다.

십자가 – 죄인들을 죽이는 형틀의 하나로 예수님께서 십자가의 형틀에서 운명하셨다. 그 죽음으로 인해서 구속, 죄 사함이 이뤄졌기 때문에 십자가를 말할 때는 단순한 형틀보다는 예수님의 죽으신 사건 전체를 의미하는 경우가 많다.

아멘 – 아멘은 '위의 내용에 동의합니다' 혹은 '그 내용이 이뤄지기를 바랍니다'라는 뜻으로 기도를 마칠 때나 깊은 공감을 나타낼 때 사용한다.

여호와 – '영원하신 하나님'이란 뜻이다. 인간처럼 출생과 죽음이 있는 것이 아니라 시간을 넘어선 '스스로 계신 자', '영원히 변치 않으시는 분'이란 하나님의 이름 중 하나이다.

영생 – 영생은 영원한 생명을 소유하는 것을 말한다. 이 영원한 생명은 예수님을 통해서 얻게 되며 하나님과 예수님을 바로 아는 것이 영생이다.

영화 – 예수님과 같이 영화롭게 된다는 말로 예수님의 재림이 있을 때 그리스도인들이 그렇게 된다.

율법 – 하나님께서 사람들이 하나님을 경외하며 사람을 사랑하는 데 필요한 지켜야 할 규칙과 같은 것을 만들어 주셨다. 이 율법의 완성은 사랑이다.

은사 – 은사는 하나님께서 성도들에게 주신 선물이다. 이 선물로 성도들은 하나님께 영광을 돌리고 봉사를 하며 성도들을 온전케 하는 일을 하게 된다.

이단 – '다른 무리'란 뜻으로 하나님과 성경에 대해서 다르게 가르치는 무리들을 말한다. 일반적으로 삼위일체의 하나님과 예수님의 동정녀 탄생을 부정하는 이단들이 많다.

임마누엘 – '하나님이 우리와 함께 계신다'는 뜻이다.

장로 – '경건의 모범이 되는 자'란 뜻으로 심방과 기도로 성도들의 신앙을 돌보는 직분이다.

재림 – 예수님께서 이 땅에 다시 오시는 날을 의미한다. 재림이 있을 때 하나님을 믿는 사람은 영원한 하나님 나라로, 악한 사람들은 영원한 지옥으로 가게 된다.

죄 – 죄는 '과녁에서 빗나가다' 혹은 '목표에 이르지 못하다'란 뜻으로 하나님의 영광까지 이르지 못한 상태(롬 3:23)를 말한다. 즉 하나님의 명령을 어긴 것과 순종이 부족한 부분이다. 죄를 정하는 기준은 하나님의 관점이며 하나님의 말씀에 불순종하는 것이다.

중보자 – '가운데서 보증을 해 주는 사람'이란 뜻으로 거룩하신 하나님과 죄 많은 인간 사이에서 자신의 죽음으로 평화의 길을 여신 예수님을 말한다.

중생 – '거듭남', '새로남', '다시 태어남'의 뜻으로 예수님 안에서 새롭게 변화받은 삶이다.

지옥 – 하나님께 순종치 않고 악하게 산 사람들이 머무르는 곳으로 영원한 형벌과 고통이 있다.

천국 – 하나님과 함께 거하는 곳이다. 이 땅에서의 천국은 예수님을 모신 곳, 즉 복음이 전파된 곳을 말하며 완전한 천국은 모든 것이 끝난 후 영원히 하나님과 함께 거하는 곳이다.

축도 – 목사님이 성부, 성자, 성령 하나님의 이름으로 성도들에게 축복을 베푸는 기도이다.

칭의 – 의롭다고 칭해 주었다는 의미로 예수 이름을 믿는 사람의 현 상태는 여전히 죄인이지만 하나님께서 예수님 때문에 의롭다고 해 주셔서 신분은 의인이 된다. 이것은 구원의 시작이다.

할렐루야 – '여호와를 찬양하라'는 히브리 말이다.

호산나 – '우리를 구원하소서'란 뜻으로 예수님이 죽으시기 위해 예루살렘 성으로 입성하실 때 백성들이 승리를 상징하는 종려나무 가지를 들고 환영할 때 불렀다.

회개 – '자신의 잘못을 돌이키다'라는 뜻으로 죄를 짓던 생활에서 하나님께로 돌아오는 행동을 말한다. 회개를 통해 세상적인 생각에서 하나님의 생각으로 바뀌게 되는 것이다.

회중 – '무리들'이란 뜻으로, 주보에서 회중이란 뜻은 사회자와 반대가 되는 성도들을 뜻한다.

짱 바이블 상

프리셉트성경연구원 편

초판 1쇄 | 2009년 11월 16일
초판 5쇄 | 2016년 1월 29일

발행인 | 김경섭
국제총무 | 최복순
총무 | 김상현
기획국장 | 김현욱
서적부 | 양재성, 이은혜
편집부 | 고유영(편집실장), 김지혜, 허윤희, 박은실

발행처 | 묵상하는사람들
등록번호 | 20-333
일부총판 | 생명의말씀사 Tel. (02) 3159-7979 Fax. 080-022-8585

주소 | 서울시 동작구 사당로2가길 91(사당동) (우) 07028
전화 | (02) 588-2218 팩스 | (02) 588-2268
홈페이지 | www.precept.or.kr
국민은행 772-21-0310-382(김경섭)

값 3,800원
ISBN 978-89-8475-416-4 04230
ISBN 978-89-8475-415-7 04230(세트)

독자 여러분의 의견을 기다립니다.
독자 전화 (02) 588-2218 / pmnqt@hanmail.net